L'EMPEREUR

NAPOLÉON III

ET

L'ANGLETERRE

PARIS

TYPOGRAPHIE DE FIRMIN DIDOT FRÈRES, FILS ET Cie

IMPRIMEURS DE L'INSTITUT IMPÉRIAL

RUE JACOB, 56

1858

IMPERIAL
TIMBRE
C
CENT

L'EMPEREUR

NAPOLÉON III

ET

L'ANGLETERRE.

I

Nous croyons qu'il y a un devoir à remplir envers l'opinion : c'est de faire entendre une parole impartiale et calme en présence des passions qui ont été si injustement soulevées en Angleterre. Nous avons la confiance d'être compris de l'autre côté du détroit. Nous serons sobres d'observations ; avant tout, nous rappellerons les faits.

Quand Louis-Napoléon fut élu président de la République, il ne trouva autour de lui, dans l'assemblée qui devait partager et souvent entraver son pouvoir, que des partis hostiles ou peu sympathiques à l'Angleterre : les légitimistes gardaient religieusement à nos ennemis séculaires le ressentiment historique de nos vieilles luttes nationales; les républicains se rappelaient Pitt ligué avec Cobourg contre la Révolution pour l'anéantir; les orléanistes regrettaient autant la protection qui les avait humiliés que l'abandon dont ils avaient souffert avant de tomber; enfin, les partisans de l'Empire avaient encore l'âme ulcérée des souvenirs les plus douloureux de l'histoire contemporaine.

Qu'allait faire l'héritier de l'empereur Napoléon Ier, devenu le chef de la France? Céderait-il aux rancunes et aux préventions des partis? encouragerait-il, par son exemple, les haines internationales encore frémissantes au souvenir de Waterloo et de Sainte-Hélène? vengerait-il, au moins par sa froideur, son nom et son caractère injuriés par la presse anglaise au moment de son élection? Non. L'exil est une école de sagesse et de maturité pour ceux que Dieu destine à régner. A cette école, Louis-Napoléon avait beaucoup appris et beaucoup oublié. Il ne se souvint que de l'hospitalité qui avait adouci les épreuves de ses mauvais jours ; il ne considéra que les grands intérêts qui rapprochaient la France et l'Angleterre pour le bien de la civilisation.

II

En 1849, la Porte est menacée par l'Autriche, à cause de l'asile qu'elle accorde aux réfugiés hongrois. Le président de la République pense que la France ne peut pas se désintéresser dans ce débat qui semble de nature à affecter de graves questions européennes. Il ordonne à la flotte française de se diriger vers les Dardanelles en même temps que la flotte anglaise, et il saisit ainsi la première occasion d'une entente active entre les deux gouvernements. Mais il y avait encore à cette époque de telles susceptibilités contre l'Angleterre que le ministère français, dont M. Odilon Barrot faisait partie, mit une condition à l'envoi de notre flotte, c'est qu'elle ne naviguerait pas avec la flotte anglaise, et que son action serait distincte, quoique le but fût commun. Il y avait sans doute, dans cette réserve, un excès de défiance, mais ce n'était que la conséquence d'un excès de ressentiment entretenu par la double influence de la tribune et de la presse.

Quelque temps après, lord Palmerston signifie à la Grèce un ultimatum qui alarme l'Europe. L'Assemblée législative, qui avait hérité des sentiments de l'Assemblée constituante contre l'Angleterre, saisit avec bonheur cette occasion de montrer l'hostilité qui l'anime. Elle pèse sur les ministres du président de tout le poids d'une opinion fortifiée par une sorte de popularité ; et notre ambassadeur, M. Drouin de Lhuys, reçoit l'ordre de quitter Londres. Lorsque M. le général de la Hitte, alors ministre des affaires étrangères, vint annoncer cette nouvelle, un élan de patriotisme irréfléchi souleva la Chambre tout entière. Le soir, tous les chefs de la droite se portèrent à l'Élysée pour féliciter le président : celui-ci les reçut avec une grande froideur qui leur prouva qu'il ne partageait pas leur entraînement pour une mesure dont l'effet pouvait être de réveiller l'antagonisme des deux pays.

III

Arrive le *deux décembre*. C'était un acte de notre situation intérieure qui ne regardait personne à l'étranger. Cependant plusieurs journaux anglais se déchaînent contre celui qui a sauvé son pays d'une effroyable anarchie et peut-être préservé l'Europe d'un ébranlement. Il n'est sorte de calomnies que l'on n'invente et d'erreurs que l'on ne répande. Une feuille de Londres va même jusqu'à donner le dessin d'une scène qui représentait des insurgés fusillés au Champ de Mars. On faisait croire à de telles choses, que nos mœurs rendaient cependant aussi invraisemblables qu'elles sont heureusement impossibles. La vérité est que non-seulement personne ne fut fusillé après le combat, mais que tout s'était borné, dans une ville de 1,600,000 habitants, au soulèvement de 1,500 démagogues, dont 150 au plus périrent les armes à la main pendant la lutte. Cette vérité était aussi facile à constater en Angleterre qu'en France. Il fallait là dénaturer avec autant d'audace pour exciter l'animadversion contre un acte qui méritait la reconnaissance d'un peuple civilisé.

L'indifférence n'était pas possible en face de pareils outrages; mais l'impassibilité était commandée par le patriotisme et l'intérêt public. Le chef de la France laissa passer ce flot de mauvaises passions auquel s'était mêlée l'écume de nos discordes civiles; il ne voulut même pas autoriser les représailles pourtant bien faciles de la presse française. De grands peuples ne peuvent vainement s'offenser, et quand ils s'offensent ils sont bien près de combattre. C'est ce qui était arrivé après le traité d'Amiens, compromis si vite par les violences de la tribune et des journaux contre le Premier Consul. Il est évident que si, dans les premiers mois de 1852, il n'y avait pas eu tant de sagesse de notre côté pour calmer l'opinion, nous revenions à 1802, et une rupture devenait la conséquence inévitable de l'irritation des deux pays.

Le bon sens public, plus encore que le temps, a ramené la partie saine du peuple anglais à l'appréciation véritable des choses et des hommes que tant d'erreurs grossières et de calomnies odieuses avaient essayé de dénaturer. En Angleterre comme en France, la conduite de l'Empereur a été jugée comme la jugera l'impartiale histoire. Déjà, en 1852, au moment des agressions les plus violentes d'une partie de la presse anglaise, la cité de Londres avait protesté avec énergie contre une polémique qui révoltait son bon sens et son patriotisme. Deux ans plus tard, lorsque l'Empereur, accompagné de l'Impératrice, visitait en allié la Reine des Trois Royaumes, il ne trouvait dans ce grand pays que des sympathies et des respects.

IV

Nous arrivons à une autre phase des événements contemporains : la question d'Orient éclate dans la politique, la guerre est résolue, l'alliance est conclue entre la France et l'Angleterre. Comment cette alliance a-t-elle été comprise et pratiquée par les deux peuples ? Il faut le dire à l'honneur de l'un et de l'autre : s'ils avaient été unis depuis des siècles, ils n'auraient pas apporté plus de loyauté , plus de dévouement mutuel, plus de confiance dans les épreuves qui leur furent communes. Quant à nous, et il nous est permis d'en être fiers comme d'une partie de notre gloire, nous avons prodigué notre concours sous toutes les formes. Il ne

manquait pas de gens, à cette époque, qui
voyaient moins un intérêt français qu'un intérêt
anglais dans la guerre d'Orient. Sans s'arrêter
à cette opinion, l'Empereur avait envoyé en
Crimée deux fois plus de soldats que les Anglais.
La bonne et complète intelligence fut au nombre des instructions les plus formelles qu'il
donna aux généraux en chef. Cette inspiration
du souverain de la France devint la règle de
notre armée dans ses rapports avec l'armée anglaise. Défendant la même cause, exposées aux
mêmes périls, les deux armées avaient des
devoirs et des intérêts communs; elles se devaient une assistance mutuelle de tous les
instants. Pour notre part, nous l'avons donnée
avec un entrain et une bonne volonté dont
l'exemple est rare, dans l'histoire militaire, entre
les combattants d'une même nation. A Inker-
mann, nous accourions au premier appel de
nos alliés pour partager leurs dangers et se-
conder leur héroïsme sous la terrible étreinte
des Russes. Les épreuves d'un hiver rigoureux,
les fatigues d'un siége gigantesque, les pertes
immenses causées par le feu, le froid, les ma-
ladies, ayant diminué considérablement l'effectif
de l'armée anglaise, plusieurs régiments français

partagèrent avec elles le service de ses propres
lignes; ils aidèrent à ouvrir ses routes, à trans-
porter ses canons et ses vivres. Les Anglais nous
ont payé ce concours par une noble réciprocité :
ils ont transporté sur leurs bateaux nos troupes
à Bomarsund et une partie de celles envoyées
en Crimée; plus tard, quand leur armée a été
réorganisée, nous avons trouvé chez eux le
même dévouement qu'ils avaient trouvé chez
nous : leurs hôpitaux ont été ouverts à nos ma-
lades, leurs médicaments ont été à la disposi-
tion de nos soldats.

Voilà ce qui s'est passé en Russie : sur le
champ de bataille, les deux peuples n'en ont
fait qu'un; les soldats des deux armées alliées
n'ont eu qu'une âme sous leurs drapeaux unis,
pour combattre, souffrir, mourir et triompher
ensemble. Aussi, après la paix achetée par leur
gloire commune, l'alliance cimentée par cette
noble fraternité de l'héroïsme et des combats
semblait-elle désormais inaltérable. On aurait
dit que nous avions enseveli nos rivalités avec
nos morts, sous les sables de Crimée, et que ces
généreuses victimes avaient racheté par leur
sang, versé pour la même cause, les luttes de plusieurs siècles. Quelle surprise pour nos aïeux,

qui avaient vécu avec les haines d'un autre temps, s'ils pouvaient voir l'armée anglaise portant avec fierté, sur sa poitrine, l'effigie du martyr de Sainte-Hélène, et les fils des soldats de Waterloo porter, avec le même orgueil, la médaille sur laquelle est gravée l'image de reine d'Angleterre!

V

L'alliance paraissait donc indissoluble. Bientôt, cependant, un dissentiment éclata dans l'interprétation des conditions de la paix. Cette divergence, jugée à Paris comme étant de peu d'importance, grossit démesurément à Londres, et l'on vit encore une partie de la presse anglaise, ajoutant cette fois l'ingratitude à l'injustice, oubliant les souvenirs de la veille, injurier l'Empereur, son gouvernement, ses actes, ses intentions. L'Empereur resta impassible.

Il y a plus encore : par esprit de modération, et dans l'intérêt de la bonne harmonie, la France et la Russie se mirent d'accord avec l'Angleterre. Les points en discussion se rattachaient d'ailleurs à des intérêts secondaires, qui n'affectaient en rien les garanties stipulées par le traité de Paris.

La question des principautés survint ensuite. Au congrès de Paris, la France et l'Angleterre étaient d'accord pour l'union. Plus tard, le cabinet de Saint-James changea d'avis, et par une regrettable appréciation des choses, ce fut le cabinet des Tuileries qui fut représenté à Londres comme désertant l'alliance. Le Gouvernement français aurait pu se sentir justement blessé de cette fausse interprétation de sa conduite si loyale et si modérée. A ce moment, la révolte des Indes venait d'éclater; si la France avait été moins sincère dans ses sentiments, moins désintéressée dans ses vues, l'occasion était belle pour se montrer plus réservée, plus exigeante peut-être envers son alliée. L'Empereur pensa et agit tout autrement; les embarras que la guerre des Indes imposait à l'Angleterre ne le rendirent que plus conciliant à Osborne, dans la question des principautés. Il offrit même plus tard au Gouvernement anglais de faire passer ses troupes à travers notre territoire, et il s'inscrivit avec la garde impériale en tête de la souscription pour les victimes de l'insurrection indienne.

VI

Nous touchons ici à ce qu'il y a de plus pénible entre les deux pays, à ce qui serait le plus capable, si l'on ne s'en expliquait franchement, d'affecter la confiance qui est la force de leur alliance. Cette explication est devenue nécessaire, non pour en tirer des griefs, mais pour éclaircir les faits et justifier les sentiments qui se sont manifestés en France.

L'attentat du 14 janvier avait frappé de stupeur Paris, la France et bientôt l'Europe entière. Après avoir remercié Dieu d'abord, on se demanda quelle était l'origine de ce crime, d'où venaient les assassins, dans quel milieu ils avaient conçu des pensées qui n'avaient plus rien d'humain, tant elles étaient perverses et sauvages. Les assassins venaient d'Angleterre ; le crime avait été préparé, encouragé, soldé peut-être par ces affiliations de réfugiés qui déshonorent la généreuse hospitalité d'un pays libre, en y abritant la conspiration permanente de l'assassinat.

Alors on se dit tout naturellement en France : Comment ! c'est donc toujours en Angleterre que se préparent les attentats contre la vie de l'Empereur et la société ! Est-ce là ce que nous devions attendre d'une alliance si loyalement pratiquée pendant la paix, si glorieusement cimentée par la guerre ?

En effet, l'attentat du 14 janvier n'était pas le premier qui fût venu de Londres. D'autres crimes moins terribles, mais dont la pensée était aussi coupable, avaient la même origine. Ils sont tous nés au sein de ces associations révolutionnaires qui tiennent des séances périodiques, qui proclament ouvertement depuis six ans le droit de tuer l'Empereur, qui érigent le meurtre en doctrine et en devoir, qui fanatisent les esprits qu'ils ont corrompus, qui arment les insensés qu'ils ont fanatisés, qui expédient les assassins avec leur feuille de route, et qui attendent ensuite, sous la tolérance de l'hospitalité anglaise, le résultat de ces horribles machinations.

En veut-on la preuve ? La voici : elle est écrite dans les greffes de la justice criminelle.

VII

Le 29 juin 1852, la police découvre dans une maison de la rue de la Reine-Blanche, près la barrière de Fontainebleau, une véritable fabrique de machines infernales destinées à un attentat qui devait éclater au mois d'août. L'impulsion de ce crime venait de Londres. Le voyage dans cette capitale d'un des accusés contumaces, ses rapports avec les réfugiés, la correspondance saisie, ne laissèrent aucun doute sur ce point.

En janvier 1853, Kelsch est arrêté à Paris, après une vive résistance, ainsi que Galli et Rossi. Kelsch, dont la police avait connu et déjoué les mauvais desseins, venait également de Londres; l'information prouve qu'il avait été envoyé et payé par le Comité central démocratique, dont Ledru Rollin et Mazzini sont les chefs principaux : transporté à Cayenne, il obtint sa grâce de la clémence de l'Empereur.

Quelques mois plus tard, l'ancien sergent Boichot arrive en France; la police s'en empare, la justice le condamne; Boichot venait également de Londres, comme les autres.

En 1854, Magen, l'un des instruments les plus actifs de Ledru Rollin, invente des bombes qui devaient éclater par le simple choc. Condamné en Belgique par contumace, il prend la fuite, et se réfugie à Londres, avec ses complices Sanders et Brunet, au milieu des conspirateurs d'assassinat, qui l'accueillent comme un frère.

Quelque temps après la condamnation de Magen, la police arrête à Batignolles un homme porteur d'une grenade du même modèle que celle inventée par Magen; c'était Carpeza, membre de la Société *la Fraternelle universelle*, formée des débris de la Société organisée par Ch. Delécluze, l'émissaire de Ledru Rollin. Carpeza avait été déjà condamné pour affiliation à des sociétés secrètes. Condamné de nouveau le 4 août 1855, il est envoyé à Cayenne, d'où il réussit à s'évader.

Avant même la fin du procès Magen et consorts, le hasard fit découvrir, sur la voie du chemin de fer du Nord, une machine infernale construite d'après le même principe que les bombes et qui devait éclater sous le train impérial. L'instruction commencée établit d'une

manière complète la culpabilité de Déron,
Louis (de Lille), de Vandomme, des frères Jac-
quin (de Bruxelles), de D'henins, et de Desquiens.
Les quatre premiers furent condamnés par contumace à la peine de mort; Déron, l'instiga-
teur principal de ce complot, se réfugia à Londres, où il vit dans une grande intimité avec
Ledru-Rollin, dont il est devenu depuis l'un
des familiers les plus assidus.

Le 28 avril 1854, Pianori tire presque à bout
portant, sur l'Empereur, deux coups de pistolet.
Il arrivait de Londres, et c'est Mazzini qui avait
mis dans ses mains le salaire du crime. Mais
ce n'est pas tout : les Sociétés démocratiques
de cette capitale firent frapper une médaille
commémorative de l'acte de courage de Pianori; un meeting fut tenu le 22 septembre,
et il se trouva des orateurs qui, aux applau-
dissements de l'assemblée, firent l'apologie de
l'attentat des Champs-Élysées et déplorèrent la
mort de Pianori comme celle d'un martyr.

Un peu plus tard, Tibaldi, Grilli et Borto-
lotti sont arrêtés avant de pouvoir mettre leur
dessein à exécution ; ces misérables n'étaient
que les instruments serviles de perversités im-
placables. C'est encore de Londres que part

l'impulsion de ce nouvel attentat, au sein de ces réfugiés où la justice trouvait les coupables, les flétrissait, les condamnait, sans pouvoir ni les atteindre ni les frapper.

Enfin, le 14 janvier 1858, quatre Italiens lancent des bombes sous la voiture de l'Empereur, sauvé miraculeusement, ainsi que l'Impératrice. Ces bombes tuent dix personnes et en blessent cent cinquante-six. Les nouveaux assassins arrivaient de Londres. Ces projectiles terribles, qui, en manquant leur but, frappent tant de victimes et changent la scène de meurtre en une affreuse scène de carnage, ont été fabriqués en Angleterre. Deux Anglais, Alsop et Hodge, figurent dans ce complot, en même temps qu'un Français, Bernard, réfugié à Londres.

A ces tentatives si nombreuses il faut ajouter les excitations qui les provoquent sans cesse. Les associations révolutionnaires, composées de réfugiés, joignent la théorie à la pratique. Ces associations ont une activité infatigable ; quelquefois divisées par des antagonismes personnels, elles sont toujours d'accord pour encourager et glorifier les attentats. Elles ont leurs meetings ; elles prononcent des dis-

cours, publient et répandent des écrits. Il en
pénètre toujours quelque chose en France, soit
dans de petites brochures qui échappent à
toute surveillance, soit par les journaux étrangers. Alors, pour quelques insensés qui admi-
rent ces folies sanguinaires, il se trouve une
immense majorité d'honnêtes gens dont les
intérêts s'alarment, dont la conscience se sou-
lève, et qui se demandent avec une surprise
mêlée d'inquiétudes comment de telles infa-
mies peuvent librement et publiquement se
dire ou circuler dans un pays civilisé.

Pour expliquer ces impressions, il faut sa-
voir jusqu'où peuvent aller la violence et la
démence de ces prédications révolutionnaires.
Voici un fait qui date du mois de novembre
1857 ; on verra comment on préludait aux bombes du 14 janvier par des provocations di-
rectes.

Il y a à Londres un café, tout près de
Temple Bar, où chaque jour est annoncée
la question qui sera traitée le soir. Le public est invité à prendre part à la discussion. Ce café s'appelle *Discussion Forum;* on
y boit, on y mange, et on y fait en même
temps de la politique. C'est un homme payé

par le propriétaire qui préside et dirige la discussion. Au mois de novembre, on avait affiché
publiquement l'ordre du jour suivant : « Le
régicide est-il permis dans certaines circonstances? » La question fut ouvertement dé-
battue.

Ce n'est pas là d'ailleurs un fait transitoire
et isolé, et ce qui s'est passé depuis, ce qui se
passe tous les jours, vient l'aggraver encore. Le
9 février dernier, le club français dont les
membres se réunissent dans Wylde Reading
Rooms, Leicester square, a tenu une séance dans
laquelle Simon Bernard, le complice d'Orsini,
a pris la parole et s'est exprimé avec la plus
grande violence. Il a déclaré que l'Empereur,
les ministres, M. de Persigny, tous les hauts
fonctionnaires français, étaient hors la loi, et il
a invité tous ceux qui l'écoutaient à leur courir
sus par tous les moyens en leur pouvoir. Ce
discours, où l'ignoble le dispute à l'horrible, a
été accueilli par de frénétiques applaudisse-
ments.

Enfin, il y a quelques jours, le 24 février
dernier, Félix Pyat publiait sous ce titre: *Lettre
au Parlement et à la Presse*, le véritable mani-

feste de l'assassinat, digne corollaire de toutes ces provocations.

Plus de cent cinquante pamphlets ont été publiés, la plupart à Londres, depuis 1852. Nous pourrions faire ici des citations qui prouveraient que, pendant ces six années, l'apologie de l'assassinat a été permanente, presque quotidienne. Nous nous bornerons à quelques lignes empruntées à une publication de 1857 par Félix Pyat; elles seront plus que suffisantes pour établir ce que nous avançons :

« En dépit de toutes vos précautions, malgré
« vos murailles de la Chine, vos lignes de
« douane, vos cordons sanitaires, nous pas-
« sons, nous pénétrons, nous arrivons dans
« la chaumière, aux mains, aux yeux, au cœur
« des ouvriers et des paysans, et le peuple
« nous lit quand même.... De Bordeaux à Lille,
« d'Angers à Lyon s'étendent les silos de
« *la Marianne*, ses mines et ses sapes et ses
« traînées de poudre, que la moindre bluette
« peut faire sauter..... Voilà votre souleur!....
« Vous savez que notre lettre à *la Marianne*
« a été publiée à Londres, que c'est de Londres
« que nous datons nos foudres et nos trom-
« bes..... Oui, les auteurs du mal vivent en

« Angleterre..... L'Angleterre est la coupable,
« la recéleuse qui nous abrite, qui nous im-
« prime (1). »

C'est ainsi qu'ils dénonçaient eux - mêmes
l'Angleterre à la défiance publique pour la payer
de son asile. Parce qu'elle était généreuse à leur
égard, ils cherchaient à la rendre suspecte. De
cette façon, ils préparaient eux-mêmes le mou-
vement d'opinion qui devait éclater après l'attentat du 14 janvier contre cette tolérance mal
comprise, dont la cause était dans le hasard
des circonstances, dans l'embarras de la législation de l'Angleterre et nullement dans les intentions du gouvernement de la reine.

A peu près à la même époque, l'auteur de
cet odieux pamphlet avait prononcé un discours
sur la tombe d'un réfugié français, et c'est sur
le bord d'une fosse que, profanant la mort elle-
même, il avait osé faire cet appel à la vengeance :

« Quand donc une main héroïque arrêtera-
t-elle le compte de sang? N'est-il pas temps de
venger les morts et de sauver les vivants ! Lorsqu'un homme s'élève au-dessus de la justice

(1) Imprimerie universelle de Zeno Swietoslawski, Londres,
178, High Holborn.

publique, il doit tomber sous la vindicte privée. »

Plus de dix mille personnes recueillirent ces paroles impies, et la presse anglaise, en les reproduisant, soit pour les approuver, soit pour les flétrir, les portait à tous les points de l'opinion. La réprobation qu'elles trouvaient dans les âmes honnêtes se traduisait facilement en griefs contre le gouvernement qui les tolérait.

VIII

L'attentat du 14 janvier donna à ces griefs l'occasion de se produire au sein de l'opinion. En apprenant d'où les bombes étaient venues, d'où les meurtriers étaient partis, on se rappela tout ce que nous venons d'énumérer, le nombre des tentatives précédentes, leur origine, le lien qui les rattachait aux affiliations révolutionnaires, les appels incessants à la vengeance auxquels répondaient les explosions meurtrières. Alors, sans tenir compte du funeste hasard qui avait réuni à Londres les réfugiés les plus vio-

lents de tous les pays, et des conséquences de
cette réunion dans un pays aussi libre que l'Angleterre, avec des institutions aussi larges que
les siennes, l'opinion publique, vivement im-
pressionnée d'un ensemble de faits qui avaient
tous la même origine, accusa une tolérance qui
l'inquiétait depuis longtemps. Dans sa légitime
indignation contre ceux qui avaient excité ou
exécuté le crime, elle fit à cette tolérance une
part de responsabilité qu'il n'eût pas été plus
juste d'imposer à l'Angleterre qu'à la Belgique,
à la Suisse ou au Piémont. L'opinion céda à une
irritation qui n'était que l'effet de son dévouement et de son respect pour l'Empereur. Le
souverain de la France ne pouvait qu'en être
reconnaissant ; mais il convient de remarquer,
que, toujours semblable à lui-même dans
une question personnelle en quelque sorte, qui
touchait à son existence, à celle de l'Impératrice, échappée comme lui à la mort, il ne s'est
pas départi un seul instant de la justice qu'il
devait à tous, du calme qu'il se devait à lui-
même.

Disons-le toutefois, il y a en France plus
d'indignation que d'inquiétude à l'égard de ces
organisations de réfugiés qui, comme on l'a vu

plus haut, en veulent à la vie de l'Empereur parce qu'ils le considèrent comme le bouclier de l'ordre social et l'obstacle à l'anarchie universelle. S'ils font horreur à tout le monde, ils ne font peur qu'aux gens faibles ; mais ils n'effrayent ni la société, ni le gouvernement. Il est à remarquer que parmi les complots que nous avons énumérés, deux seulement ont été exécutés, sans réussir, grâce à Dieu ; tous les autres ont été déjoués par la vigilance énergique de la police française, aussi active pour prévenir le mal, que les révolutionnaires sont ardents pour le faire triompher.

Quant au peuple anglais il professe, nous le savons, une horreur égale à la nôtre pour ces forfaits qui se préparent chez lui pour s'accomplir chez nous. Mais, sans méconnaître ses sentiments, sans porter la moindre atteinte à l'indépendance de ses institutions, il était permis de considérer ces tentatives si souvent répétées comme des avertissements, et d'y trouver l'indication de grands devoirs pour tous les gouvernements. Aussi, après le 14 janvier, il n'y eut qu'un seul cri dans toute la France pour demander deux choses : la première, l'éloignement de nos frontières des as-

sassins condamnés par la justice; la seconde,
l'interdiction de l'apologie publique de l'assassinat par les journaux ou dans les meetings.
Ce vœu se retrouva dans les discours des grands
corps de l'État, dans les adresses envoyées par la
magistrature, par les conseils municipaux, par la
garde nationale. Les adresses de l'armée devaient
naturellement être plus vives; elles exprimaient
avec une énergie toute militaire le sentiment de
la France. Quelques-unes seulement devaient
blesser les susceptibilités de l'Angleterre. Le
comte Walewski a donné à cet égard une explication dont la parfaite bonne foi devait tout ef-
facer et tout réparer.

IX

A Londres, on a pris ce prétexte pour ranimer
les susceptibilités nationales et pour dénaturer
la conduite et les intentions du gouvernement
français. On a voulu faire croire que la France
demandait à l'Angleterre et aux nations voisines
de renoncer au droit d'asile, droit sacré qu'elle
respecte, qu'elle pratique, puisqu'elle donne,

non-seulement un refuge à plus de dix mille Italiens, Espagnols, Allemands, Polonais, mais même des subsides à un grand nombre d'entre eux.

Le droit d'asile n'a donc pas besoin d'être défendu contre nous. Loin de l'attaquer, nous le respectons comme une de nos traditions nationales. Jacques II et ses partisans, trahis par la fortune, trouvèrent dans l'hospitalité de Louis XIV une compensation de la patrie qu'ils avaient perdue. Charles Édouard, vaincu à Culloden, rentra en France, et si malheureusement le droit d'asile fut violé en sa personne, c'est que la faiblesse de Louis XV ne sut pas le maintenir contre les exigences de l'Angleterre. Charles-Édouard, arrêté en sortant de l'Opéra, fut obligé d'aller se cacher en Italie, où il mourut. Ce fut une honteuse exception qui permit de mesurer à quel degré d'abaissement nous étions tombés; car, il faut le dire, sous tous les gouvernements la France a ouvert ses portes aux étrangers que des motifs politiques éloignaient de leur pays.

Ce n'est pas l'Empereur Napoléon III qui voudrait renier cette tradition de notre histoire à laquelle se mêlent les souvenirs de sa propre destinée. Il ne saurait oublier que pendant son exil il a profité du droit d'asile, courageusement maintenu en sa faveur par la Suisse, et loyalement pratiqué par l'Angleterre envers sa mauvaise fortune. Il ne songe donc pas à gêner un droit sacré qui fut sa sauvegarde. Les représentants des anciennes dynasties vivent à nos portes, dans des États qui nous avoisinent. L'Empereur n'a pas eu la pensée de s'alarmer de leur présence près de nos frontières, ou de réclamer leur éloignement, comme on le faisait à son égard en 1838. Il respecte le malheur plus qu'on n'a respecté le sien.

Aujourd'hui plus que jamais le droit d'asile est donc sacré pour nous. La France, qui ne le sacrifierait à personne, ne demande pas aux puissances alliées ou voisines d'y renoncer; seulement elle se croit fondée à réclamer des autres États ce qu'elle est prête à faire pour eux.

XI

Mais le droit d'asile qui protége les représentants ou les défenseurs des causes perdues

ne doit pas être confondu avec le droit de refuge qui dérobe les assassins à la responsabilité de leur crime. Il y a dans la confusion de
deux choses si distinctes, non-seulement une
violation de la morale, mais aussi un dan-
ger pour la société.

Dira-t-on que le droit d'asile exercé en Angleterre protége des hommes de parti et non les
auteurs ou les complices de l'assassinat ? Nous
avons montré déjà d'où venaient les conspirateurs qui avaient attenté à la vie de l'Empereur ; nous avons montré aussi quels étaient
leurs complices, d'où partaient les excitations
aux crimes, dans quel pays l'apologie de ce
crime était libre et publique.

Si, comme le disait M. Gibson, le comte
Walewski a trompé le peuple anglais en si-
gnalant à sa bonne foi et à sa probité ces apo-
logies publiques de l'assassinat qui ont lieu
tous les jours sous la tolérance de sa généreuse
hospitalité, nous passons condamnation. Mais le
comte Walewski s'est-il trompé ?

Nous avons fait des citations qui suffisent
déjà pour établir les faits. Nous pourrions les
multiplier et citer encore de plus horribles paroles et de plus horribles écrits ; mais nous

craindrions, en mêlant à cet exposé ces échos des passions les plus sauvages, ces appels au meurtre, ces outrages à ce qu'il y a de plus auguste dans le monde, d'en troubler le calme et l'impartialité. Est-il besoin d'ailleurs de prouver l'évidence? Il se tient à Londres des meetings ou l'on glorifie les assassinats; il se vend à Londres des libelles atroces où l'on érige en système, en droit et en devoir, le meurtre des souverains de l'Europe, où les trônes, les autels, les armées, les lois, les magistratures, la société, Dieu lui-même, sont traînés dans le sang et dans la boue! De telles saturnales dépassent jusqu'à la barbarie. Il n'y a pas une seule législation, ni dans les temps anciens, ni dans les temps modernes, qui les tolère; et l'on viendrait prétendre que cette tolérance n'est, de la part de l'Angleterre, que l'exercice du droit d'asile! L'asile est dû aux partis vaincus, il est dû à tous, sans exception; il est dû même aux rebelles qui, après avoir attaqué la loi de leur pays, mettent entre eux et leur rébellion la frontière; cette frontière est inviolable! Mais il n'est pas dû aux monstres qui ne sont d'aucun parti, si ce n'est du parti de l'assassinat.

L'Angleterre ne peut pas ainsi comprendre

l'application du noble droit d'asile. Elle ne peut pas couvrir de ce principe d'humanité des crimes qui n'ont rien d'humain. Sa conscience s'est déjà soulevée contre une pareille interprétation qui est également désavouée par son histoire.

Ce n'est pas la première fois que l'on abuse du droit d'asile à Londres, et que l'on essaye d'y abriter la provocation au crime. En d'autres temps qui sont encore près de nous, d'odieux pamphlets avaient été publiés en Angleterre, sous le couvert de son hospitalité, contre les chefs des gouvernements étrangers. Disons tout de suite que ces pamphlets, quoique très-violents, pourraient passer pour modérés si on les comparait à ceux d'aujourd'hui. Ces publications furent cependant poursuivies et condamnées par la justice. Les détails de ces procès ont en ce moment un intérêt d'actualité qui nous les a fait rechercher dans les archives de la procédure anglaise. Ils seront certainement lus avec fruit des deux côtés du détroit (1).

(1) *The trial of John Peltier*, 21 février 1803, Londres; imprimé par Coxson and Baylis, 73, Great Queen street, Lincol's Inn Felds, 1803.

X

En 1802, après le traité d'Amiens, un sieur Jean Peltier, réfugié français, publia à Londres, dans les numéros d'un journal français intitulé l'*Ambigu, ou Variétés atroces et amusantes*, d'infâmes libelles contre le premier consul de la république française, Napoléon Bonaparte.

Le gouvernement anglais s'émut de ces publications contre le chef d'un gouvernement ami, et fit poursuivre en justice le sieur Jean Peltier pour avoir, dit l'acte d'accusation, « fait « imprimer et publier un odieux libelle ayant « pour but direct de provoquer la haine et le « mépris du peuple français contre le premier « consul Napoléon Bonaparte, et d'exciter à « l'assassinat contre sa personne. »

Les débats de cette affaire eurent lieu, le 21 juillet 1803, à la cour du banc du roi, devant le très-honorable lord Ellenborough.

L'accusation fut soutenue avec la plus grande énergie par l'attorney général, au nom du gouvernement de Sa Majesté Britannique, dans une éloquente plaidoirie dont voici la péroraison :

« Messieurs, je renonce à vous présenter « beaucoup d'autres raisons encore.

« Je vous ai dit, dès le commencement, quel « était, dans mon opinion, et le but et la ten- « dance de cet ouvrage, et maintenant permet- « tez-moi de vous demander si vous ne sentez « pas, comme moi, que cela est un crime dans « ce pays; si l'excitation à l'assassinat, en temps « de paix, n'est pas un très-grand crime?

« Si nous étions en temps de guerre, je n'au- « rais pas de peine à prouver qu'il y a quelque « chose de si vil et de si honteux, quelque « chose de si contraire en tous points au carac- « tère anglais, quelque chose de si immoral dans « l'idée de l'assassinat, que l'excitation à assassi- « ner ce premier magistrat ou tout autre se- « rait un crime contre les honorables senti- « ments de la loi anglaise. Que doit-ce être « donc quand, au lieu d'être en guerre, nous « sommes en paix avec ce souverain? Ne vous « en laissez point imposer par de vaines décla- « mations sur ce titre. Que le souverain contre « lequel le libelle dont il s'agit a été dirigé soit un « monarque assis sur un trône qu'il tient d'une

« longue suite d'aïeux, ou un homme élevé à
« ce pouvoir par la Révolution, par le choix de
« son pays ou de toute autre manière, cela ne
« fait pas de différence. Il est, *de facto*, le prin-
« cipal magistrat, et doit être respecté par ceux
« qui sont les sujets de ce pays, qui lui doivent
« une fidélité temporaire ; il doit être respecté
« comme si ses ancêtres avaient joui du même
« pouvoir pendant une suite de générations.

« On parlera peut-être d'attaques publiées
« dans *le Moniteur* contre notre gouvernement.
« Que nous importe cela? Je défends ici l'hon-
« neur de la loi anglaise, l'honneur de la na-
« tion anglaise. Je dis que ce libelle est un
« crime, et comme tel je l'ai déféré à un jury
« anglais ; et si d'autres pays croient que des
« publications telles que celle-ci peuvent leur
« être avantageuses, qu'elles en aient le béné-
« fice ; mais, quant à nous, n'en ayons pas la
« honte! »

Ils n'en eurent pas la honte en effet! Le premier Consul n'était cependant encore, comme le
disait l'attorney général, que le premier magistrat
de son pays. La gloire, la volonté nationale, la
religion ne l'avaient pas encore sacré empereur.
Sa dynastie n'était pas passée comme aujour-

d'hui dans le droit de l'Europe. Elle ne s'était
pas mêlée à tous ses intérêts, à toutes les conditions de son existence et de la civilisation.
Elle n'avait pas d'aïeux, elle n'avait que l'avenir devant elle. Ce n'est qu'après un demi-
siècle que l'histoire devait étendre sur elle sa
puissante égide, et lui donner tout à coup la
consécration du temps, y ajoutant celle du
malheur. Mais le premier Consul était défendu par la justice anglaise contre les libellistes, comme s'il avait été déjà l'héritier d'un
trône, lui qui n'était pas encore un ancêtre.
Lord Ellenborough ne fut pas moins explicite
que l'attorney général. Ses paroles sont aussi
utiles à recueillir. On croirait entendre un appel
à la justice contre les libellistes de 1858.

« Messieurs, en résumé, d'après l'examen le
« plus scrupuleux que j'ai pu faire de ces diffé-
« rentes publications, il me paraît démontré,
« que le but et la tendance directe et indirecte
« de ces écrits (malgré la très-ingénieuse inter-
« prétation et la couleur qu'a su leur donner
« l'éloquence presque incomparable du défen-
« seur), a été de dégrader et d'avilir, de rendre
« odieux et méprisable le premier consul, dans
« l'opinion du peuple de ce pays et de la France,

« mais, surtout, dans l'opinion du peuple fran-
« çais, et en même temps, d'exciter à l'assassi-
« nat et à la destruction de sa personne.—Telle
« paraissant être la tendance immédiate et di-
« recte de ces publications , je ne puis, pour
« remplir consciencieusement mon devoir, faire
« autrement que de déclarer que ces écrits, qui
« ont une telle tendance à l'égard d'un magistrat
« étranger, qui ont été publiés dans ce pays, et
« dont la conséquence est de tendre directe-
« ment à interrompre et à détruire la paix et
« l'amitié entre les deux pays, sont, en droit,
« des libelles.

« Et, dans l'accomplissement exact de votre
« devoir, je suis certain qu'aucune pensée d'in-
« jure passée, ou à craindre dans l'avenir, ne
« vous fera dévier de la rigueur et de l'impar-
« tialité de la justice. Mais votre verdict frap-
« pera de réprobation tous les projets d'assas-
« sinat et de meurtre. Considérez aussi combien
« de semblables projets peuvent être dangereux
« s'ils ne sont réprouvés et découragés dans ce
« pays : ils peuvent retomber, par voie de re-
« présailles, sur la tête de ceux dont le salut
« nous est le plus cher.

« Messieurs, j'espère que votre verdict forti-

« fiera les relations qui lient les intérêts de ce
« pays à ceux de la France, et qu'il justifiera,
« d'une manière éclatante, dans le monde en-
« tier, la conviction qui existe partout, depuis
« longtemps, de la pureté irréprochable de la
« justice anglaise, et de l'impartialité qui pré-
« side toujours à ses décisions.

« Messieurs, l'affaire est entre vos mains ;
« vous rendrez le verdict que vous dictera votre
« conscience. »

Le jury, sans quitter sa place, rendit immé-
diatement un verdict de culpabilité.

Voilà comment la vieille Angleterre, au lende-
main et à la veille d'une guerre implacable, ré-
prouvait et punissait les outrages contre le premier Consul, dont elle n'aimait pourtant pas la
gloire. Quoique la paix d'Amiens vînt d'être
signée, elle était si près d'être rompue, que cette
justice était moins celle d'un allié que d'un ennemi. Mais cet ennemi était un grand peuple, et
il savait élever sa conscience au-dessus de son
orgueil, son honneur au-dessus de ses ressenti-
ments ou de ses jalousies. Depuis six ans
l'Angleterre semblait avoir oublié des traditions et des exemples que nous avons été
heureux de retrouver dans son histoire. Elle

s'en est souvenue cependant. Lord Derby n'a pas
été moins explicite dans les premières paroles
qu'il a prononcées comme chef du nouveau
cabinet , que lord Palmerston dans le dernier discours qu'il a prononcé comme ministre de la reine. Lord Clarendon s'est chargé
à son tour d'établir la parfaite exactitude
de tous les faits énoncés par le comte Walewski
dans sa dépêche du 20 janvier. Ainsi il n'y
a plus rien à prouver. Tout est constaté désormais, et reconnu par les éminents hommes d'État du ministère actuel comme par les
honorables membres du ministère précédent.
Nous sommes donc sûr qu'ils seront d'accord,
au milieu de leurs divisions, pour donner à l'alliance, dont ils reconnaissent la grandeur et les
bienfaits, toutes les garanties nécessaires à la di-
gnité et à l'intérêt des deux peuples.

Les précédents que nous avons rappelés ont
d'ailleurs une grande importance. Ils ne seront
peut-être pas sans intérêt pour les ministres de
la Reine. Ils prouvent que la législation de l'An-
gletere, sa politique, son histoire, s'élèvent autant que les principes généraux du droit public
de tous les peuples, contre l'indigne abus que
l'on fait de son hospitalité. Ils autorisent complé-

tement l'appel que le gouvernement français a dû adresser à une puissance alliée dans l'intérêt de l'ordre social tout entier. Cet appel n'a eu d'autre but que de faire comprendre aux États alliés ou voisins la nécessité de certaines garanties pour rassurer la civilisation contre des ennemis qui, pour arriver à leur but, proclament, organisent et pratiquent l'assassinat, et dont les complots ne sont pas des luttes, mais des meurtres.

Nous n'avons pas besoin d'insister davantage : c'en est assez pour justifier l'émotion profonde de l'opinion publique. En présence de l'ensemble des faits que nous avons rapidement esquissés, en présence de la tolérance prolongée dont leurs auteurs abusaient avec tant d'audace, la France s'est refusée à croire que la législation existante de l'Angleterre fût suffisamment efficace. Elle s'en est inquiétée et irritée. Quant au gouvernement de l'Empereur, il s'est borné à exposer la situation, à expliquer les causes de l'irritation qui s'était manifestée dans le pays, s'en remettant d'ailleurs à la loyauté du gouvernement anglais pour donner satisfaction à la justice, à la morale, à l'intérêt social, au droit des gens.

XII

Nous avons expliqué notre conduite à l'égard
de l'Angleterre ; nous avons montré ce que l'Empereur Napoléon III avait été pour elle : nous
pouvons dire hautement que l'Angleterre n'a
jamais trouvé un allié plus loyal, plus persévérant, plus indépendant des petites passions et des rancunes. Cette justice lui était rendue dernièrement au sein du Parlement, comme
elle lui sera rendue par l'histoire, et nous acceptons cet hommage pour la France et son souverain comme un honneur. Aussi avons-nous la
confiance que le peuple anglais ne se laissera
pas tromper par des attaques aussi difficiles à
expliquer qu'impossibles à excuser, et que son
bon sens, son patriotisme l'emportant sur de
fausses interprétations, l'alliance des deux pays
résistera à l'épreuve de ces derniers incidents.

Nous en avons le ferme espoir, car il est impossible que quelques malentendus exagérés
par un incident imprévu puissent avoir l'influence d'affaiblir l'accord de deux grands peu-

ples dont l'alliance est si indispensable à l'avenir du monde civilisé. Cette alliance éloigne en effet les idées de conquête; elle garantit la sécurité et la liberté de l'Europe, les intérêts de l'Angleterre et de la France étant identiques sur tous les points du globe lorsqu'il s'agit d'humanité et de civilisation.

C'est pour cela qu'il était sage de former cette alliance, et qu'il est utile, dans l'intérêt général, de la maintenir.

Après cet exposé, l'opinion de l'Europe jugera si la France a compris cette obligation, si elle l'a remplie, et si elle a le droit incontestable de se dire sans reproches, et, par conséquent, sans crainte devant le jugement de la conscience publique.

Paris. — Typographie de Firmin Didot frères, fils et Cie, rue Jacob, 56.